ANTIQUITÉS

Prix du Catalogue orné de 6 planches : 5 fr.

CE CATALOGUE SERVIRA DE CARTE D'ENTRÉE

POUR L'EXPOSITION PARTICULIÈRE

Le Samedi 26 Mai, de 2 à 6 heures

PARIS — 1888

COLLECTION H. HOFFMANN

OBJETS D'ART

ANTIQUES

VASES PEINTS, MARBRES, BRONZES, ARGENTERIE

POIDS GRECS, IVOIRES

DONT LA VENTE AURA LIEU

A L'HOTEL DROUOT, SALLE N° 4

Les Lundi 28 et Mardi 29 Mai 1888

A DEUX HEURES

EXPOSITIONS

PARTICULIÈRE	PUBLIQUE
Le Samedi 26 Mai	Le Dimanche 27 Mai
DE 2 A 6 HEURES	DE I A 5 HEURES

Prix du Catalogue illustré : 25 fr.

ANTIQUITÉS

PIERRES GRAVÉES, BRONZES

TERRES CUITES

VERRERIE, ORFÈVRERIE

VENTE AUX ENCHÈRES PUBLIQUES

A L'HOTEL DROUOT, SALLE N° 4

LE MERCREDI 30 MAI 1888

A DEUX HEURES

Mᵉ MAURICE DELESTRE	M. H. HOFFMANN
COMMISSAIRE-PRISEUR	EXPERT
27, rue Drouot, 27.	1, rue du Bac, 1

EXPOSITIONS

PARTICULIÈRE	PUBLIQUE
Le Samedi 26 Mai	Le Dimanche 27 Mai
DE 2 A 6 HEURES	DE 1 A 5 HEURES

PARIS, 1888

CONDITIONS DE LA VENTE

La vente sera faite au comptant.

Les acquéreurs paieront CINQ POUR CENT en sus des enchères, applicables au frais.

Les lots pourront être réunis ou divisés au gré de l'expert.

ANTIQUITÉS

I

PIERRES PRÉCIEUSES

1. INTAILLES

1 Quadrilatère en terre émaillée, avec légendes hiéro-
glyphiques. — L 14 mill.

2 Scarabée phénicien en pierre tendre : dieu égyptien
debout devant un dieu à quatre ailes. — L 17 mill.

3 Scarabéoïde en jaspe brun : chasseur agenouillé,
tirant une flèche sur un bouquetin. — L 18 mill.

4 Horus et Anubis affrontés ; entre eux, un thymia-
terion. — Cornaline. H 19 mill.

5 Femme sacrifiant sur un trépied devant une statue
placée sur une colonnette. Derrière elle, un vase
et un arbre ; devant, un joueur de double flûte.
— Cornaline. L 21 mill.

6 Hercule cueillant une pomme sur l'arbre des Hespé-
rides. Chalcédoine. H 15 mill. — Hercule nu,
conduisant Cerbère. Jaspe jaune. H 17 mill.

7 Deux guerriers près d'une colonne. — Agate rubanée. H 17 mill.

8 Mercure et la Fortune avec leurs attributs. Cornaline. H 16 mill. — Masque barbu et casqué.
Sardoine. H 16 mill.

9 Sculpteur devant une tête coiffée d'un chapeau.
Cornaline. — Buste drapé d'un jeune homme,
portant une lance sur l'épaule. Cornaline. —
Cérès tenant un pavot ; à ses pieds un épi. Cornaline.

10 Trois jaspes rouges : Pêcheur debout dans une coquille et tenant un poisson au bout de sa ligne ;
dans le champ, un dauphin, une coquille et une
crevette. — Silvain. — Grylle composé d'un
masque de Silène, d'un masque de Satyre jeune
et d'une tête d'éléphant.

11. Mercure ; lettres latines dans le champ. Sardonyx à
trois couches. — Prêtre devant un terme de
Janus ; lettres latines. Sardoine.

12 Le suicide d'Ajax, fils de Télamon. — Cornaline.
   H 16 mill.

13 Tête romaine barbue (époque de la République).
   Sardoine. — Amour tenant un papillon attaché à
   un fil. Améthyste.

14 Porteur d'eau. Sardoine. — Oreste sur l'omphale de
   Delphes. Grenat. — Fleur. Améthyste.

15 Amazone blessée, assise au pied d'un arbre; lettres
   latines dans le champ. Cornaline brûlée. — Épée,
   massue et palme. Jaspe blanc. — Buste drapé de
   Mercure. Sardonyx à trois couches.

16 Satyre tenant un pedum et une grappe de raisin.
   Cornaline. — Satyre tenant un thyrse et un pedum. Chalcédoine. — Oiseau dans une bordure
   de lacs. Cornaline brûlée. — Foudre ailé. Cornaline blonde.

17 Six petites pierres sassanides.

18 Buste drapé et coiffé d'une peau de lion. — Chalcédoine. H 19 mill.

19 Buste drapé de Julie, fille de Titus. — Cornaline.
   H 19 mill.

20 Grande topaze en cabochon : Victoire armée d'une
   lance et tuant un serpent. Autour, des étoiles et
   des lettres magiques. — H 33 mill. Monture
   moderne en or.

21 Scorpion; lég. magique autour. ℞ Deux divinités
  affrontées; entre elles, une palme, et autour, une
  légende magique. — Sardonyx. H 20 mill.

22 Horus enfant, tenant une corne d'abondance. ℞
  NIXAPOΠΛH en lettres carrées. — Jaspe noir.

23 Cavalier, armé d'une lance et galopant vers la droite ;
  lettres dans le champ. — Chalcédoine, style bar-
  bare. — L 29 mill.

24 Pélican tenant un serpent dans son bec ; dans le
  champ, FT. — Jaspe brun. H 30 mill.

25 Deux pâtes de verre, imitant l'agate rubanée : Amour
  attaché à une colonne et lisant dans un rouleau.
  — Minerve.

26 Scarabée étrusque en sardonyx : guerrier nu, casqué,
  armé d'une lance et retenant son cheval par la
  bride.

27 Intaille sur jaspe rouge : jeux de l'amphithéâtre ;
  dans l'arène, les gladiateurs ; au-dessus, la tri-
  bune impériale.

28 Scarabée en sardonyx : tête de cheval bridé.

29 Scarabée étrusque en cornaline : Hercule nu, rem-
  plissant une amphore à une fontaine dont l'eau
  s'échappe par un masque de lion ; à ses pieds,
  une massue. Légende : *Ercele*.

30 Grande intaille sur améthyste, représentant une
   Victoire assise à dr. et écrivant sur un bouclier.
   Elle a le haut du corps à découvert, son pied

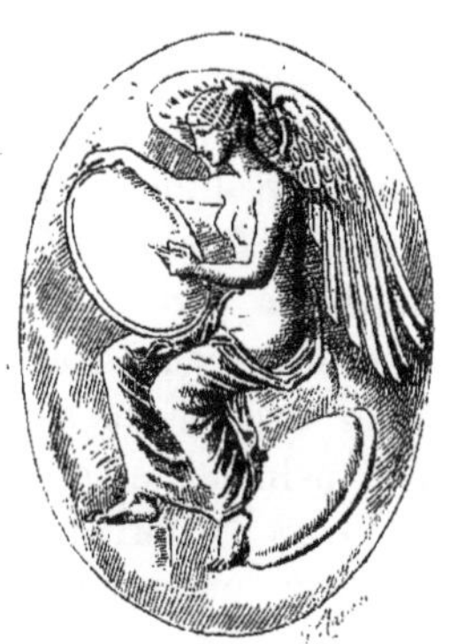

30

gauche est posé sur une pierre, et à ses côtés
on voit un second bouclier. Beau style. H. 45 mill.

   Voir la vignette.

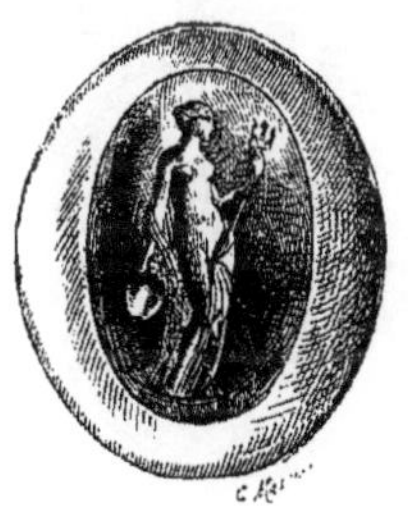

31

31 Bague en or massif. Dans le chaton est serti un

grenat en cabochon, dont l'intaille représente
Amymone, tenant au bras droit le trident de
Poseidon et à la main g. abaissée une hydrie.
Gravure grecque de beau style. — D 30 mill.

Voir la vignette p. 7.

32 Médaillon ovale en chrysolithe, représentant le buste
casqué et cuirassé de *Romulus Augustus*. Tourné
de face, l'empereur porte sa lance à la main
droite levée, au bras gauche un bouclier, dont
l'épisème est un cavalier au galop. Son casque
est orné d'une palmette et d'un diadème. Légende : ROMVLVS MOMILLVS. Bordure de
perles ; dans le haut, une oreillette. — H 4 cent.

Voir la vignette.

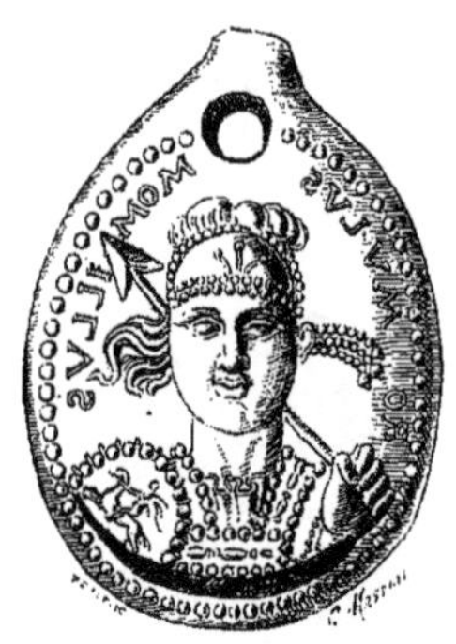

32

L'inscription ; dont l'authenticité n'est pas con-
testable, fait de ce médaillon un monument his-

torique de premier ordre. Comparez Eckhel,
Doctrina numorum, t. VIII, 203.
Trouvé à Rome.

2. CAMÉES

33 Lapin mangeant un fruit. — Sardonyx. L 16 mill.

34 Amour jouant de la lyre. Sardonyx avec sa monture antique en or. H 7 mill. — Buste de Do-
mitien. Cornaline.

35 Bouquetin paissant. — Sardonyx à trois couches.
L 17 mill.

36 Buste drapé de femme. — Sardonyx de Syrie. H
21 mill.

37 Deux masques de Méduse. — Sardonyx de Syrie. H
19 mill.

38 Panthère à g. — Sardonyx. L 24 mill.

39 Victoire casquée et drapée, tenant une lance et une
palme; devant elle, un bouclier. Beau style. —
Sardonyx, monture moderne en or. H 32 mill.

40 Deux mains jointes, une branche fleurie, et le mot
OMONOIA (*concorde*). — **EYTYXI** (*portez-
vous bien*). Sardonyx.

3. CYLINDRES BABYLONIENS, etc.

41 Trois petits cylindres en hématite.

42 Deux quadrupèdes ailés à têtes d'oiseaux. — Chalcédoine.

43 Isdubar étreignant deux bouquetins. — Basalte noir.

44 Deux adorants devant un dieu assis; légende cunéiforme en deux lignes. — Basalte.

45 Deux taureaux androcéphales luttant avec des lions.
— Basalte.

46 Adorant debout devant un dieu et un prêtre; dans le
champ, un cynocéphale, etc. Légende cunéiforme
en deux lignes. — Hématite.

47 Deux adorants devant un dieu assis. — Cristal de
roche.

48 Dieu debout devant deux adorants, dont le premier
lui apporte un bouquetiu. Légende cunéiforme.
— Hématite.

49 Deux adorants devant un dieu assis; lég. cunéiforme
en deux lignes. — Basalte.

50 Dieu luttant avec un bouquetin et un sphinx. —
Jaspe rouge.

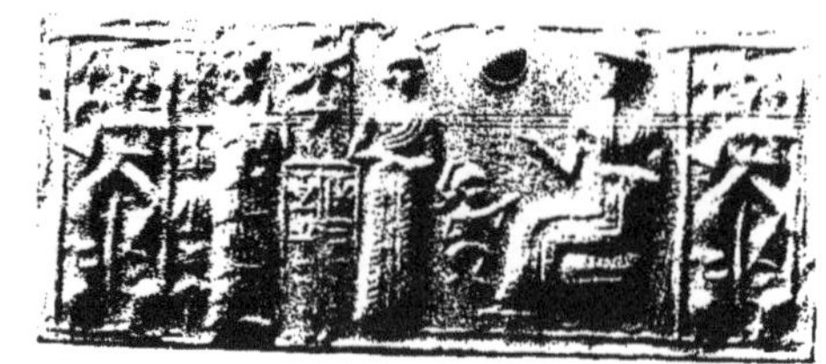

(60)

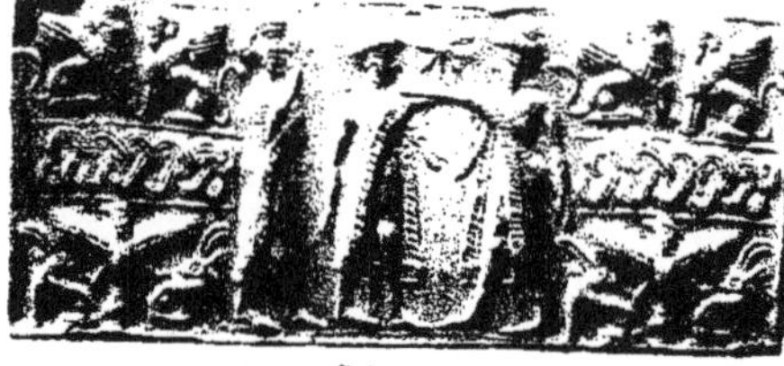

58

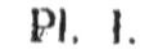

64

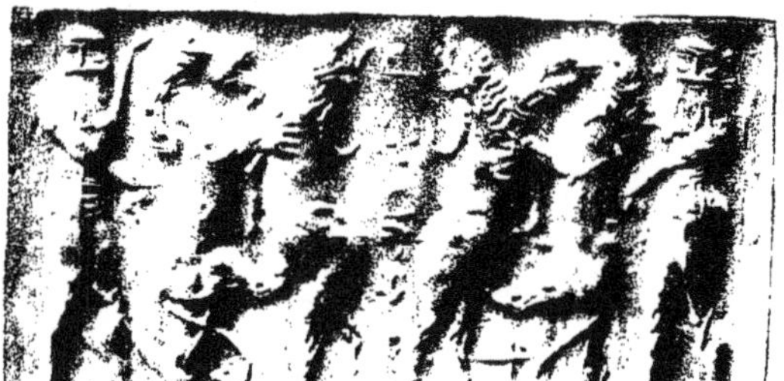

63

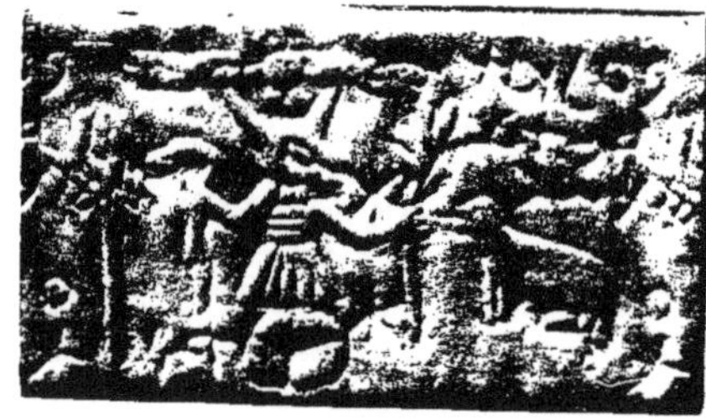

65

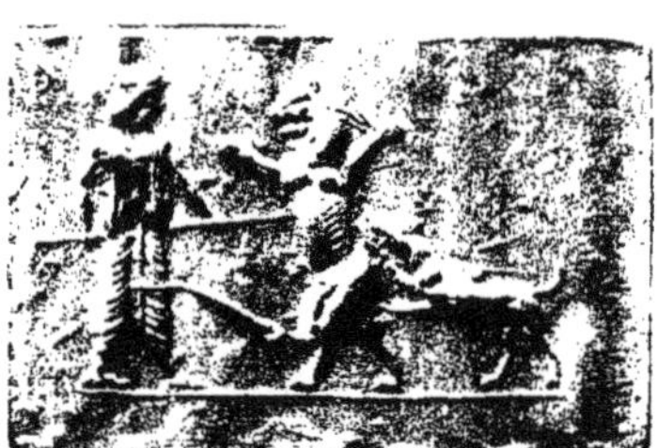

56

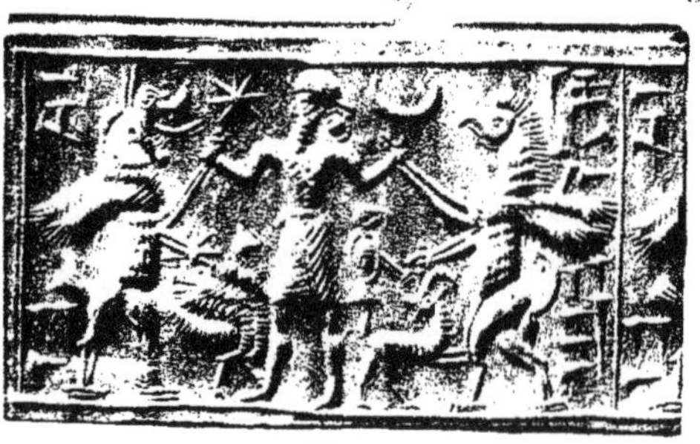

62

51 Deux adorants devant un dieu debout, vêtu d'une
   tunique talaire. — Basalte.

52 Trois cylindres égyptiens, couverts d'hiéroglyphes.
   — Terre émaillée verte.

53 Légende cunéiforme en quatre lignes. — Pierre
   tendre.

54 Lion combattant un bouquetin; plus loin, un adorant
   devant un dieu. — Basalte.

55 Dieu assis devant un palmier et recevant deux adorants. — Basalte à veines blanches.

56 Roi debout à gauche, armé d'une lance et tuant un
   lion qu'un chien de chasse attaque par derrière.
   — Jaspe rouge. H 32 mill.
   Voir pl. I.

57 Lion combattant un bouquetin; bouquetin attaqué
   par un lion et un homme nu. — Basalte. H 25 mill.

58 Cylindre hittite: Dieu posant son bras gauche sur
   l'épaule d'un homme vêtu d'un manteau; derrière
   ce groupe, un adorant, puis deux petits sphinx
   affrontés, une frise d'entrelacs et un oiseau éployé
   entre deux bouquetins. — Hématite. H. 24 mill.
   Voir pl. I.

59 Trois groupes de combattants, au centre un roi et le
taureau androcéphale. — Basalte. H 26 mill.

60 Deux adorants devant un dieu assis; dans le champ,
le disque solaire, quelques figurines et une
légende cunéiforme. — Hématite. H 24 mill.

    Voir pl. I.

61 Dieu assis entre deux adorants; Isdubar combattant
un lion. Dans le champ, quelques figurines, le
soleil et une étoile. — Hématite. H 24 mill.

    Voir pl. I.

62 Dieu saisissant un lion et un griffon; dans le champ,
un bouquetin, un oiseau androcéphale, etc. et
une légende cunéiforme. — Onyx blanc veiné.
H 38 mill.

    Voir pl. I.

63 Isdubar debout à g., tuant un lion qui combat un
bouquetin; puis le même à droite. Lettres cunéi-
formes. — Jaspe vert. H 36 mill.

    Voir pl. I.

64 Cylindre égyptien : Roi debout devant Ptah et Sekhet,
puis deux cartouches royaux. — Pierre tendre.
H 43 mill.

65 Cylindre à légende phénicienne, les figures en relief.
Un dieu monstrueux, posé de face, tient d'une

main un serpent, de l'autre une branche d'arbre.
A sa droite, on voit un arbre; à sa gauche, un
quadrupède assis. C'est un des cylindres les plus
importants que l'on connaisse. — Pierre tendre.
H 32 mill.

Voir pl. I.

66 Sceau en sardonyx : Roi debout, saisissant un bouquetin et un lion.

67 Sceau représentant deux personnages de face, debout
sur un pont et levant les bras. — Pierre tendre.

68 Anneau sassanide en chalcédoine : deux bouquetins
affrontés; autour, une couronne de feuilles.

69 Une amulette égyptienne et trois primes d'émeraude
taillées.

70 Deux plaques de jade, ornées de reliefs : un lézard et
un bouquet de feuilles et de fruits. Travail chinois.

4. FIGURINE ET VASES

71 Fragment de figurine en chalcédoine : torse d'un
porte-enseigne romain, qui tient un petit bouclier
rond sous le bras gauche. — H 55 mill.

72 Flacon en sardonyx, de forme ovale, trouvé à Pales-
trina. — H 54 mill.

73 Belle tasse en sardonyx oriental, l'anse façonnée en
deux tiges dont l'une est brisée — L 10 cent.

II

POTERIE

74-75 Deux vases falisques du plus ancien style, la panse
entourée de fortes nervures disposées en carrés.
L'un d'eux porte près de l'orifice une torsade et
quatre appendices simulant les anses. Terre brun
foncé. — H 14 et 16 cent.

76 Urne cinéraire étrusque à panse campaniforme, munie
de son couvercle. Sur une frise, en relief, qui
entoure le haut de la panse, on lit une inscription
étrusque gravée à la pointe : *Ath : ufale : ath :
thanam : oulisenal : clan.* — Terre pâle. Couvercle
orné de cercles concentriques noirs et surmonté
d'un bouton peint. — H 27 cent.

77 Amphore à panse ovoïde, les anses façonnées en
ronde bosse et représentant deux éphèbes nus.
L'un tient à la main gauche abaissée un disque
et appuie le bras droit sur la hanche; l'autre
tient un objet indistinct et lève la main droite à
la hauteur du sein. Au-dessous de chaque figurine, il y a une palmette en relief. Le haut de la

panse est orné d'une tète de lion et entouré d'une
couronne de feuilles. A la naissance du goulot on
voit une frise de triangles, et sur le rebord un
rang de perles. La tète de l'un des éphèbes
manque. — Italie. — H 22 cent.

78 Vase annulaire à couverte brune, trouvé à Faleri.
Sur la panse, de chaque côté, une Vénus couchée,
en relief, entre deux Amours dont l'un joue de la
lyre, tandis que l'autre tient un éventail. L'anse
est amortie par deux masques, le goulot a l'em-
bouchure trilobée. — D 13 cent.

79 Vase américain en forme de poisson. — L 19 cent.

III

POTERIE ÉMAILLÉE

80 Vase égyptien, de forme sphérique, orné de deux
frises, l'une de rosaces, l'autre de fleurs de lotus
et d'oies aux ailes déployées. Trois masques du
dieu Bes simulent les anses. Dans le bas, deux
frises de feuillage. Émail vert. Les vases de ce
genre sont extrèmement rares. — H 10 cent.

81 Grand vase trouvé en Mésopotamie. Sur un fond en
émail blanc se détachent six larges bandes verti-

cales noires, rehaussées de rubans bleus et alter-
nant avec des quadrillés noirs. Une partie du
goulot est brisée. — H 24 cent.

82 Lampe, dont le dessus représente un bouquetin
debout à gauche sur un fond ajouré. Émail vert.
— L 15 cent.

IV

VERRERIE

83 Amphorisque en pâte violette, la panse annelée et
façonnée en corps d'abeille. — H 77 mill.

84 Flacon en forme de datte; pâte jaune d'ambre, ma-
gnifique irisation nacrée. — Trouvé à Beirouth. —
H 7 cent.

85 Petit vase en forme d'entonnoir, muni, au dessous
de l'orifice, d'un large rebord saillant. Verre bleu
clair. — Trouvé à Beirouth. — H 74 mill.

86 Couvercle de pyxis, façonné en rosace à dix pétales.
— D 47 mill.

87 Flacon lenticulaire (brisé), portant sur chaque face,
en relief, un masque imberbe, entouré de peltes.
Irisation nacrée. — H 63 mill.

88 Petite coupe en verre bleu, s'élargissant vers l'orifice.
— H 41 mill. D 85 mill.

89 Autre, l'orifice cerclé d'un petit rebord. — H 39 mill.
D 65 mill.

90 Très petit flacon en pâte vert de mer, la panse campaniforme. — H 35 mill.

91 Flacon en pâte verdâtre, pointu par le bas, avec son
support (*repositorium*) en bronze. Ce support se
compose d'un cercle soutenu par trois griffes de
lion qui alternent avec trois palmettes découpées.
— H totale, 10 cent.

92 Tasse en verre violet, munie, dans le haut, d'une
petite rigole et de deux appendices qui se ter-
minent en pointe. *Forme unique.* — H 38 mill.
L 9 cent.

93 Flacon moulé, formé de deux têtes imberbes. Pâte
rouge. — H 48 mill.

94 Flacon en forme de prune; verre bleu. — H 5 cent.

95 Petite tasse en verre bleu opaque, l'anse brisée. —
H 26 mill.

96 Petit vase côtelé en pâtes opaques multicolores. —
H 24 mill.

97 Fragment de flacon en pâte brune à marbrures
   blanches.

98 Petit flacon irisé en verre blanc. — H 5 cent.

99 Petit plateau en pâte verte opaque. — D 4 cent.

100 Médaillon ovale en pâte bleue doublée de blanc,
    représentant un masque de Silène couronné de
    lierre. Beau style grec. — H 4 cent.

101 Médaillon circulaire en pâte bleue : Buste de face
    d'un jeune Romain, vêtu d'une tunique brodée
    et d'un manteau. — D 38 mill.

102 Quatre réglettes en verre bleu et blanc.

103 Plaque en verre bleu, ornée d'un bas-relief qui
    représente un griffon debout, comme celui du
    n° 113. — H 46 mill. L 50 mill.

104 Fragment d'un vase en verre blanc opaque, doublé
    de bleu : masque de Méduse, posé sur une pal-
    mette renversée et entouré de glands, de
    pommes, de feuilles et de ténies. — H 53 mill.

105 Petite plaque en verre mosaïque : moitié d'un
    masque tragique (d'Hercule ?) en pâtes jaune,
    rouge et blanche sur fond vert. — H 27 mill.

106 Fragment d'une plaque épaisse en verre mosaïque
    a giardinetto, semée de fleurs à pistils rouges
    et à feuilles vert clair et vert foncé. — L 8 cent.

107 Deux grosses perles en verre blanc translucide,
    ornées de fleurons en blanc opaque.

108 Petit médaillon chrétien en verre bleu et à décor
    doré. Il représente la colombe eucharistique, à
    gauche, tenant un rameau d'olivier dans son bec.
    — L 22 mill.

109 Fragment de coupe en verre blanc jaunâtre, orné
    de dessins et d'inscriptions gravés à la meule, de
    l'époque chrétienne. Buste drapé de l'apôtre
    saint Paul, à gauche; derrière, un cippe. PAVLVS.
    Légende du bord supérieur : VIVAS·CVNOM....
    L 88 mill.

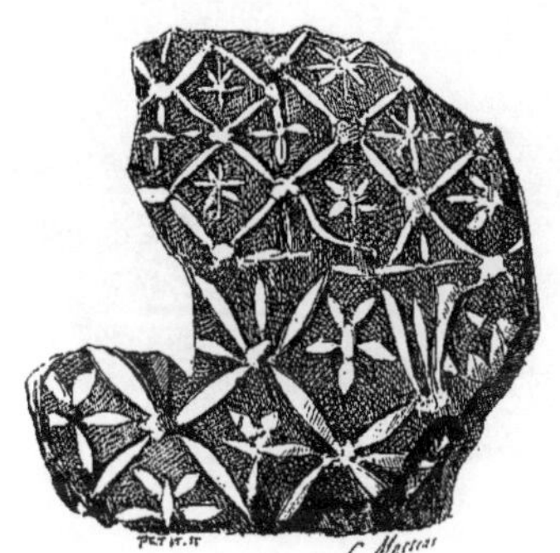

112

110 Fragment de vase en pâtes polychromes : fond
    bleu, deux rangs de rosaces séparés par un large
    bandeau jaune et des filets blancs, jaunes, gris
    et verts.

111 Neuf fragments de vases et de plaques de revêtement
en pâtes multicolores.

112 Fragment d'une plaque octogone en verre mosaïque
a giardinetto. Le dessin représente des fleurs
jaunes à pistils bleus et des fleurs blanches à
pistils blancs, le tout en fils de verre traversant
une pâte vitreuse rouge (*hœmatinum*). — H 38
millimètres.

Voir la vignette p. 19.

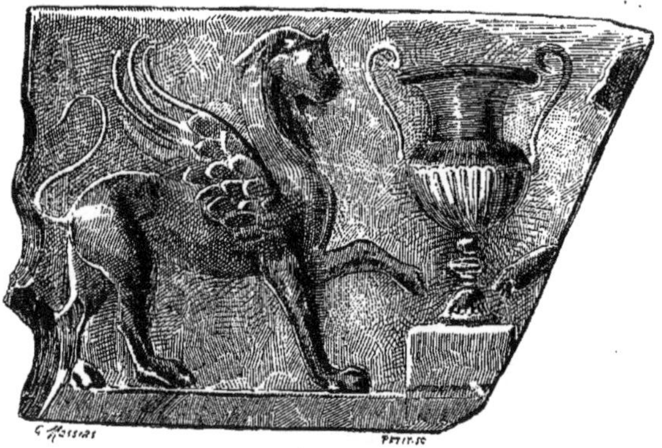

113

113 Plaque oblongue en verre bleu, doublé de blanc :
un griffon en bas-relief, les ailes redressées et la
jambe gauche levée, est debout, à droite, devant
une amphore cannelée, placée sur une base
carrée. Le griffon qui lui faisait pendant, manque.
— H 45 mill. L 73 à 55 mill.

Voir la vignette.

114 Médaillon ovale en pâte blanche, doublée de bleu,
représentant la tête d'Auguste. Les verres, dont
on peut fixer la date avec certitude, sont extrê-
mement rares. Celui-ci a dû être fabriqué à
Alexandrie, comme tous les verres du genre du
vase Portland; il est d'un très bon style et bien
conservé. L'occiput seul a été atteint par une
cassure. — H 53 mill.

Voir la vignette.

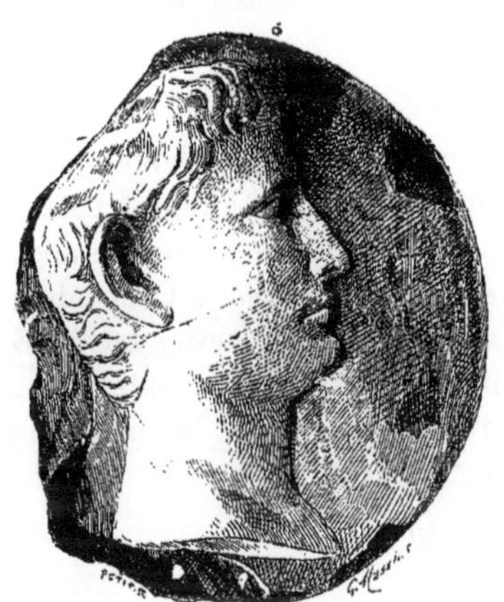

114

115 Quadrilatère en verre mosaïque. Sur un fond bleu
transparent, couvert d'un émail blanc, se détache
un bélier, dont le cou et la base présentent seuls
la couleur bleue du fond, tandis que le reste du
corps est en pâte jaune et à contours noirs, tra-

versant toute l'épaisseur de la plaque. — H 19 mill. L 24 mill.

Voir la vignette.

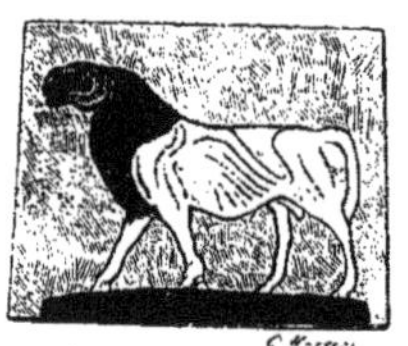

115

116 Fragment d'une plaque semblable en verre mosaïque. Sur un fond bleuâtre, en pâte opaque, se détache un Sphinx femelle assis, les ailes relevées, la jambe gauche de devant étendue vers un oiseau, probablement l'épervier sacré. Entre eux, une plante. Les nus sont en pâte verte, les cheveux en rouge, les ailes et la plante en jaune. — H 22 mill. L 27 mill.

Voir la vignette.

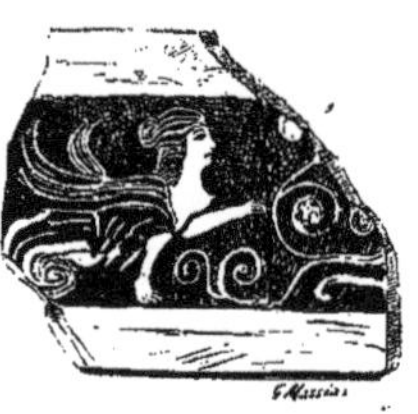

116

117 Œuf en verre blanc translucide, orné de stries ver-
ticales en blanc opaque. — H 62 mill.

118 Fragment d'un vase en pâte blanche, doublée de
bleu: grappe de raisin et pampres en relief fine-
ment ciselé. — L 9 cent.

119 Fragment de vase, imitant la couleur du sardonyx.

120 Fragment de vase en pâte blanche, orné de cinq
piquants.

121 Médaillon ovale en verre bleu, représentant un chien
couché. — L 22 mill.

122 Un bouton de verre et une pâte lenticulaire; magni-
fique irisation bleu et or.

123 Fragment de bordure en verre bleu, incrusté d'une
ligne d'eau en or.

124 Deux perles en pâtes polychromes, l'une ornée d'une
bande verte, sur laquelle se détachent six masques.

125 Anse de couvercle en pâtes polychromes. — L 10 cent.

V

TERRES CUITES

126 Grande brique babylonienne, portant une inscription cunéiforme en huit lignes. — H et L 31 cent.

127 Couvercle orné de reliefs d'un art rudimentaire. On
y distingue un homme conduisant un cheval, devant lui un cheval courant, puis d'autres groupes
et des légendes en lettres grecques, dont la pho-
totypie ci-jointe donnera une idée exacte. —
Trouvé à Rhodes. — D 17 cent.
Voir pl. II.

128 Deux têtes de griffons, trouvées en Italie, — H 5 et
12 cent.

129 Masque scénique présentant les traits d'un vieux Satyre, le front ridé, les sourcils proéminents, les
yeux à fleur de tête, le nez épaté, la bouche ouverte, la barbe frisée et arrondie. Couleurs bien
conservées.
Tanagra. — H 7 cent.

130 Jeune fille drapée dans un chiton talaire et un himation qui recouvre les deux bras, l'un, le bras

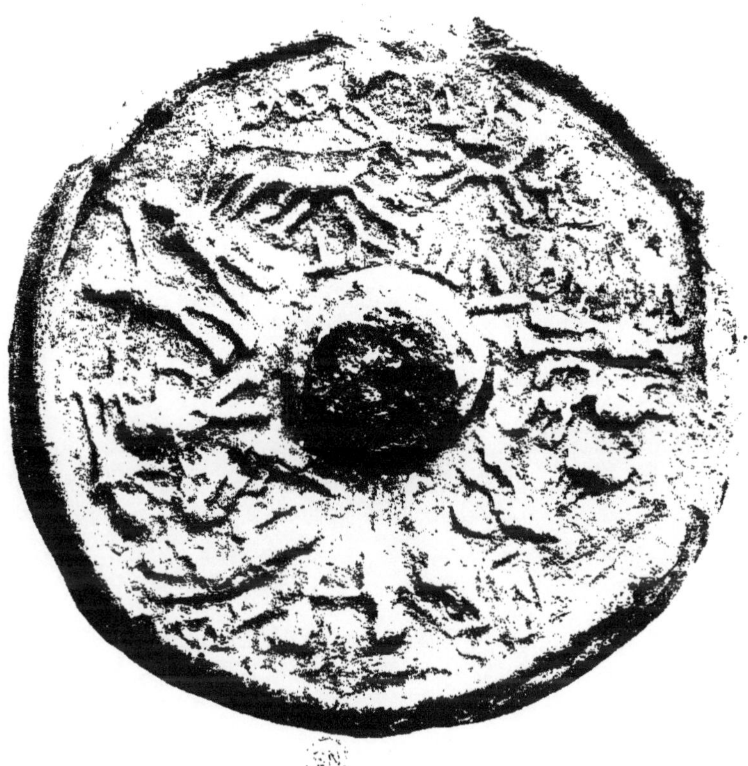

127

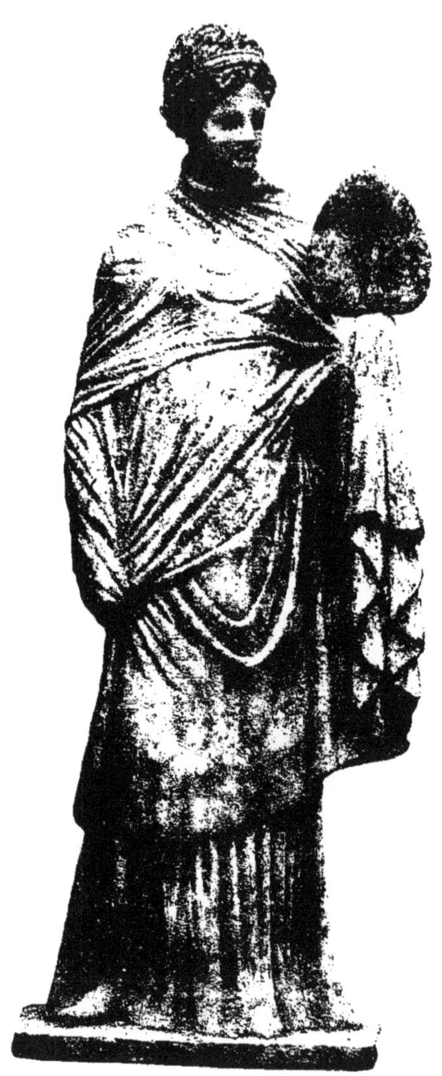

132

droit, abaissé, l'autre replié. Elle incline légèrement la tête en avançant le menton. Ses cheveux sont frisés par bandes parallèles et retombent en chignon sur la nuque. Traces de couleurs ; base plate. — Eretria (d'Eubée). — H 205 mill.

131 Jeune fille portant le même costume que la figurine précédente. L'himation porte des traces de couleur rose tendre ; les cheveux sont noués sur le sommet de la tête. — Eretria (d'Eubée). — H 206 mill.

132 Femme de Tanagra, vêtue d'un chiton rose à bordure noire, et d'un himation aux mêmes couleurs, sous lequel se dissimulent les bras et qui dessine superbement les formes du corps. Le bras droit est pendant ; la main gauche levée tient un éventail façonné en feuille. La tête se tourne légèrement de côté, et un bandeau doré entoure ses cheveux. Coloration usuelle, base plate. — H 27 cent.

Voir pl. III.

133 Jeune Tanagréenne, assise sur un rocher et tenant une pomme à la main droite levée. Sa main gauche saisit l'himation étendu sur ses genoux et le relève pour ne pas laisser tomber deux autres pommes qu'elle y a déposées. C'est la première fois que nous rencontrons ce motif. La tête de la jeune fille se penche vers l'épaule gauche ; la spallière de son chiton glisse le long du bras ; ses

souliers sont peints en rouge. — Coloration
usuelle ; base plate. — H 16 cent.

Voir pl. IV.

134 Jeune fille assise sur un rocher, près d'une urne sé-
pulcrale. Son buste et sa tête, couronnée de feuilles
et de fruits, se présentent de face, sa main droite
tient une couronne de fleurs, l'autre repose sur
le rocher où elle saisit l'himation. Un petit Amour
ailé, également couronné de fruits et de feuilles,
arrive au vol, les bras ouverts, la chlamyde en
écharpe, et s'appuie contre le bras gauche de la
jeune fille. — Base plate, traces de coloration. —
Tanagra. — H 24 cent.

Voir pl. V.

135 Femme à demi-couchée sur un rocher et regardant
un petit Amour assis sur ses genoux. Elle est
drapée dans un chiton sans manches et un himation qui enveloppe les genoux et se déploie en
nimbe derrière la tête. Sa main gauche levée saisit
le bord de l'himation, tandis que la droite abaissée
tient une pomme. Ses cheveux, frisés par bandes
parallèles, sont entourés d'une longue bandelette
bleue, qui fait deux fois le tour de la tête et re-
tombe sur les épaules ; sa tête se penche vers
l'Amour, qui est assis sur sa petite chlamyde
bleue, pliée en écharpe, et écarte les bras, comme
s'il avait peur de tomber. — Tanagra. — Ton de
chair, cheveux roux, le rocher coloré de bleu. —
Base plate. — H 203 mill. L 246 mill.

Voir pl. VI.

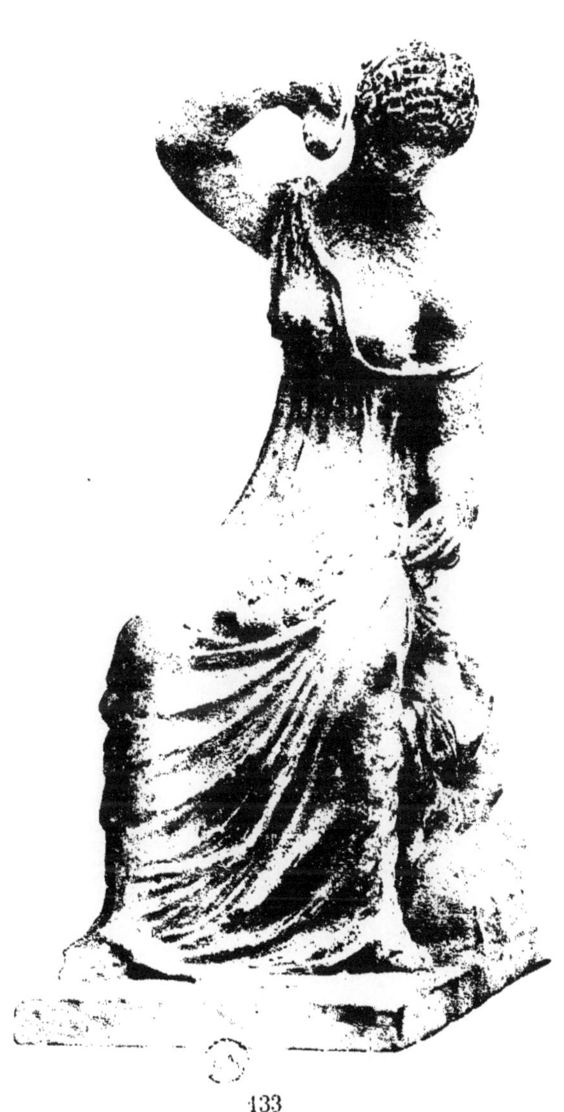

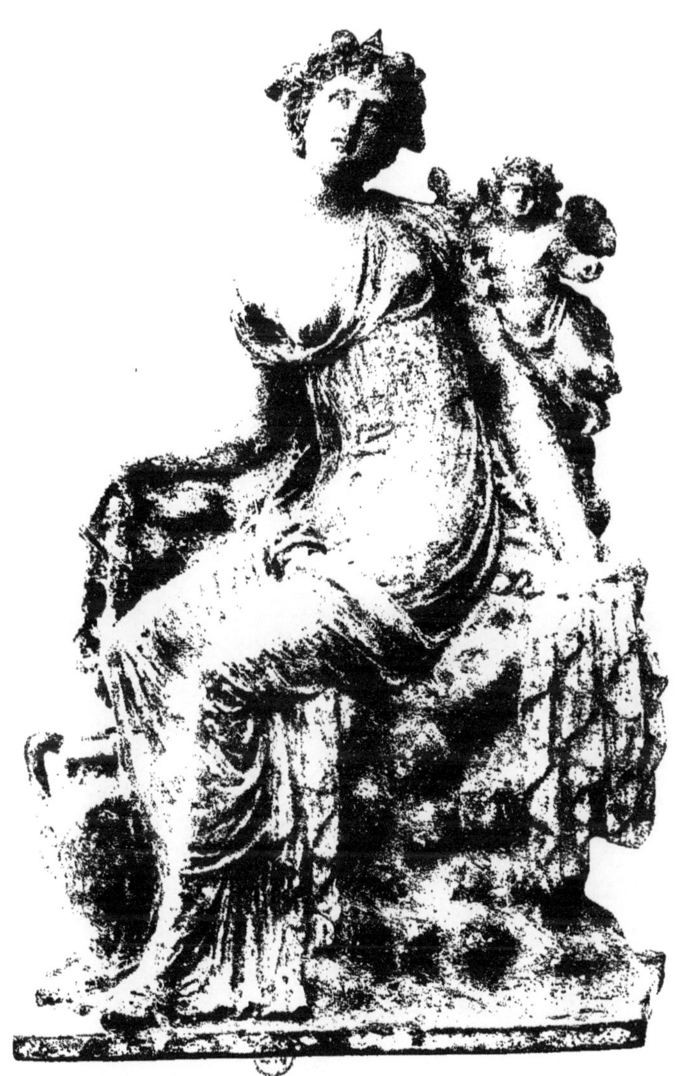

134

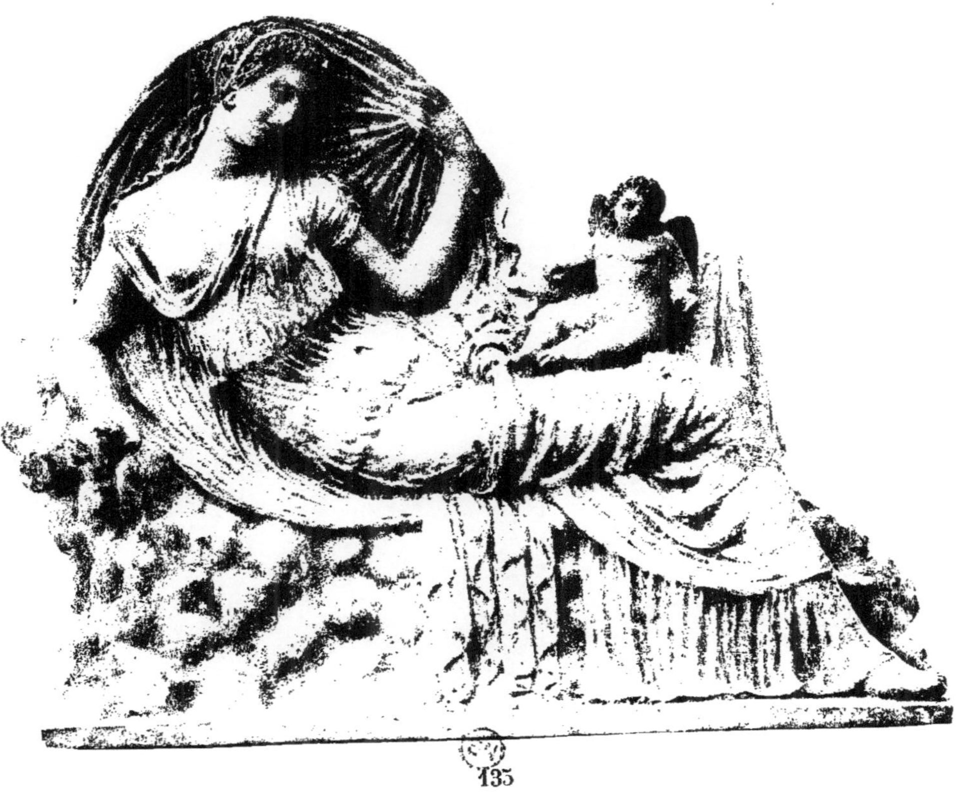

135

VI

ARGENTERIE

136 Une paire de pendants d'oreilles en argent estampé
et découpé. L'une représente le groupe d'Amour
et Psyché, l'autre deux Amours, dont l'un joue de
la flûte, l'autre de la syrinx. — H 27 mill.

137 Épingle à cheveux, surmontée d'un petit peigne. —
L 157 mill.

138 Manche de miroir en argent massif, façonné en
massue d'Hercule et amorti par une peau de lion.
Le miroir, en bronze étamé, est bordé d'une
moulure; il n'appartient pas au manche. —
H totale, 19 cent.

139 Un petit vase sans anses, ayant la forme de l'*olla*.
Trouvé en Grande-Grèce. — H 48 mill.

140 Un vase de la même forme et de la même provenance. — H 65 mill.

VII

ORFÈVRERIE

141 Une paire de boucles d'oreilles en or, les pendeloques représentant des colombes assises, parées
chacune d'un collier. A la naissance de l'anneau,
une rosace. — H 20 mill.

142 Bague en or massif, le chaton orné d'un grenat en
cabochon et soutenu par un taureau et un bouquetin couchés. — H 25 mill.

143 Bague d'or à cassolette. — Sur le haut du chaton,
qui est façonné en boîte ovale, on voit Hercule nu,
assis de face sur un rocher et couronné par une
Victoire. Il tient une massue à la main droite
abaissée. Ce sujet, travaillé au repoussé, est
entouré d'un rang d'arceaux en fils tordus, puis
de deux fils simples, d'une torsade et d'un rang
de perles. Au sommet de l'ovale, on voit une
rosace. Le tour du chaton, bordé de la même
façon, est orné de fils rapportés, formant des rinceaux d'un goût exquis et une feuille de vigne.
La base est festonnée et perforée au centre,
l'anneau composé d'un faisceau de fils tordus et
rattaché à la cassolette au moyen de deux palmettes.

Ce précieux bijou a été trouvé en Grande-Grèce
avec les deux numéros suivants. — H 29 mill.
D 20 sur 15 mill.

Voir les vignettes.

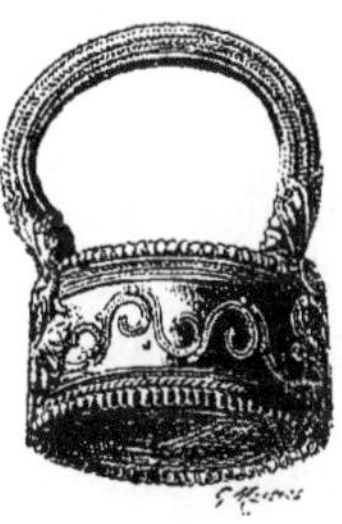 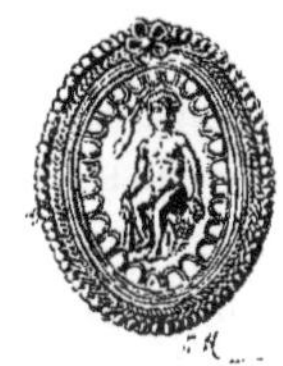

143

144 Paire de boucles d'oreilles en or. Dans le haut, une
rosace ayant à son centre une feuille d'or rougie

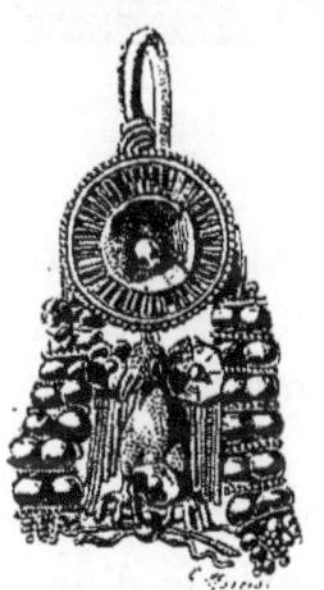

144

au feu et une perle fine. De chaque côté de la
rosace pend un double cordonnet, entre lesquels

est suspendu un aigle en ronde bosse, tenant le foudre dans ses serres. Le corps de l'aigle est semé de granulations d'une finesse prodigieuse, et dans le haut de chaque aile est fixée une petite rosace rougie au feu . — Même provenance. — H 35 mill.

Voir la vignette.

145 Fibule en or. Une pièce oblongue est divisée en quatorze caissons, ornés chacun d'un calice de fleur. Les parois des caissons sont formées par un petit ruban tuyauté, les pistils des fleurs sont en perles d'or. Dans le haut, la pièce se termine

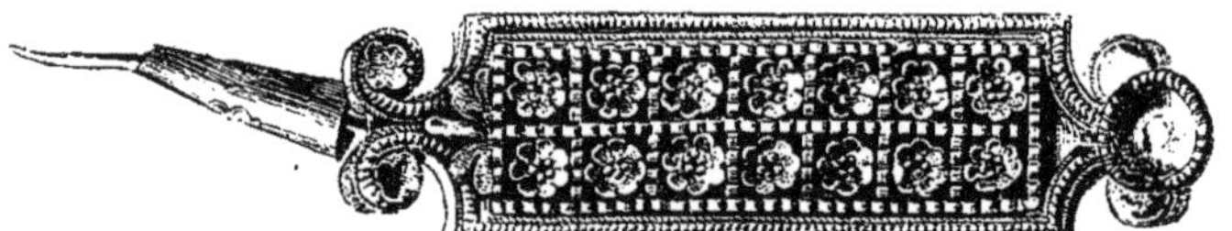

145

en triangle échancré, surmonté d'un groupe de trois boutons de fleurs ; dans le bas, elle est dé-corée d'une palmette et de deux rinceaux. La gaîne porte une rosace en relief. C'est un des plus beaux bijoux qu'on ait trouvé jusqu'à présent, d'une pureté de style et d'une finesse d'exécution absolument merveilleuses. — Même provenance. — L 87 mill.

Voir la vignette.

146 Pendant d'oreille en forme de massue.

VIII

BRONZES

147 Griffon à g., le corps semé de points clos. Applique
d'ancien style grec. — L 47 mill.

148 Lion assis, la gueule ouverte, la patte dr. de devant
levée. — Bronze étrusque. — H 5 cent.

149 Hache façonnée en figurine de taureau portant une
massue sur son dos. — Italie. — L 9 cent.

150 Guerrier étrusque, brandissant une lance. — H
83 mill.

151 Pélican éployé à dr. — Applique. — H 9 cent.

152 Porc, figurine d'un travail très fin, les soies mar-
quées à la pointe. — L 32 mill.

153 Petit bas-relief de beau style, travaillé au repoussé
et représentant une pompe bachique sous une
treille : Silène, portant un thyrse et conduisant
une chèvre, est précédé d'une Bacchante qui tient
un dithyrse, et d'un Satyre qui joue de la double
flûte. — Rome. — H 42 mill. L 49 mill.

154 Vénus accroupie, tordant ses cheveux; couronne-
ment d'épingle. — H 25 mill.

155 Épingle à cheveux, en forme de flèche. Belle patine
bleue. — L 143 mill.

156 Sceau quadrilatère, portant l'inscription :

IOVIS MAXI
MI FRVCTI

Sur l'anneau, une palme gravée. — L 5 cent.

157 Applique en forme de patère, ornée d'un relief de
forte saillie, qui représente le masque d'Hélios.
Ce masque est entouré de rayons et les cheveux
sont ceints d'une bandelette décorée de baies. —
Trouvé dans les fouilles du temple de Diane à
Nemi. — D 68 mill.

158 Pommeau de bâton, façonné en tige noueuse; dans
l'intérieur, un fragment de bois. — Trouvé à
Faleri. — H 118 mill.

159 Manche de strigile. Sur la face supérieure, deux
quadrillés et une élégante frise de feuillage niellés;
au revers, un dessin, également niellé, représentant un jeune lutteur, debout à droite et levant les
deux bras. — L. 12 cent.

160 Partie antérieure d'un bouquetin; applique. —
L 14 cent.

161 Figurine de Diane, vêtue d'un chiton court et d'une
   nébride, et chaussée d'endromides. Son bras g. est
   pendant, l'autre appuyé sur la hanche. — Trouvé
   au temple de Diane à Nemi. — H 105 mill.

162 Miroir revêtu d'une belle patine bleue, le manche
   godronné et terminé par une tête de biche. A la
   naissance du manche, d'un côté, une palmette
   gravée, et de l'autre la légende Λ·BΛ en lettres
   romaines archaïques. — L 262 mill.

163 Petit balsamaire, la panse cerclée de fils en relief,
   le goulot en entonnoir. L'anse, qui est en argent,
   est amortie dans le bas par une feuille de lierre,
   et ornée, dans le haut, de deux spirales. — Trouvé
   en Grande-Grèce. H 55 mill.

164 Balance romaine. Le fléau est orné à sa partie cen-
   trale, de trois annelets ; à l'une des extrémités se
   trouvent les anneaux à suspension, à l'autre un
   crochet terminé par une tête de biche. Belle patine
   verte. — L 138 mill.

165 Deux bulles plates passées dans un anneau, pièce
   d'harnachement de cheval. Le couvercle de l'une
   des bulles manque. Belle patine bleue et verte. —
   Trouvées à Nemi. — H 15 cent.

166 Double anneau, orné de deux pendeloques en forme
   d'amandes ; pièce d'harnachement de cheval. —
   Même provenance. — D 85 mill.

167 Figurine de la Diane de Nemi, chaussée d'endromides, vêtue d'un chiton court et d'une nébride.
Sa main droite s'appuie sur la hanche, l'autre est
levée et tire une flèche du carquois. Pieds brisés.
— H 8 cent.

168 Statuette de style primitif. Elle représente un dieu
nu, la jambe gauche fléchie, le bras droit levé et
la main, qui a dû tenir un javelot, rapprochée de
l'épaule. Le bras g. est en partie brisé. — Trouvée
en Italie. — H 20 cent.

169 Figurine votive d'art latin, représentant un jeune
homme vêtu d'une tunique et d'une toge, le bras
gauche abaissé, la main avancée et ouverte. La
main droite manque. Le corps, au lieu d'être en
ronde bosse, est en galette, comme les sculptures
les plus anciennes.— H 196 mill.

-170 Petite gourde plate, dont l'armature est en bronze
et munie de deux oreillettes ; sur chaque face de
la panse, une fenêtre en cristal de roche. — H
5 cent.

171 Amour enfant au vol, tirant une flèche. Jolie petite
figurine de style grec. Patine bleue et verte. — H
47 mill.

172 Balance (*romaine*) trouvée en Grande-Grèce. Le
fléau porte, d'un côté, un peson façonné en pro-
tome de panthère à la gueule béante, de l'autre,

un triple crochet. Il est surmonté d'une lame de bronze, sur laquelle l'échelle métrique est gravée en chiffres pointillés. On y remarque la forme archaïque du chiffre 50. Le crochet central se termine en chénisque. — L 30 cent.

IX

IVOIRE

173 Petit bas-relief (fragment de coffret), représentant un Amour enfant qui porte des fruits dans le pan de sa chlamyde et au bras droit un pedum. — H 34 mill. L 26 mill.

174 Dé romain.

175 Une main fermée ; sculpture du Moyen âge.

X

AMBRE

176 Masque scénique d'Hercule, d'ancien style. La tête est couverte de la peau de lion, la bouche et l'iris des yeux sont à jour, les cheveux et la barbe bou-

clés. Au revers, on remarque un trou entouré d'une rainure; l'objet a donc servi de boîte ou de couvercle. — H 6 cent.

Voir la vignette.

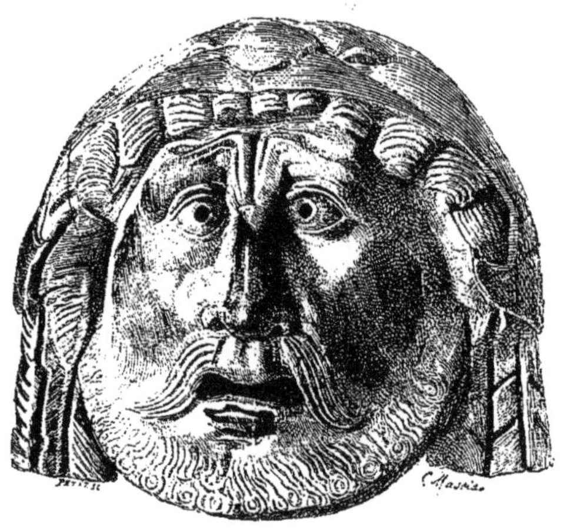

176

XI

MONNAIES ET MÉDAILLES

177 Triens coulé. Dauphin à dr.; dessous, quatre globules. ℞ Foudre accosté de quatre globules. — D 54 mill.

178 *Néron et Poppée.* Bustes géminés de Néron lauré
et de Poppée. [NE]ΡΩΝ ΠΟΠΠΑΙΑ. ℞ Cerf
debout. ΑΙΧΜΟΚΛΗϹΑ ΟΥΙΟΛΑ ΑΝΘΥΠΑΤΩ.
PB frappé à Éphèse. *Mionnet,* suppl. VI, 129,
n. 338.

179 *Domitia.* DOMITIA AVG IMP CAES DIVI F
DOMITIAN AVG. Buste drapé. ℞ DIVI CAE-
SARIS MATER. Domitia assise à g. et tenant un
sceptre; devant elle, un enfant. SC dans le champ.
— GB. Cohen, 9.

180 *Gordien* III. GB frappé à Viminacium, an 4.

181 *Paul* II, pape. PAVLO·VENETO·PAPE·II·ITA-
LICE·PACIS·FVNDATORI. Buste drapé. ROMA.
℞ Armes. — Médaillon ovale.

XII

ENVOI DE BAGDAD

182 Masque du dieu Bes en terre émaillée verte.

183 Grenouille en terre émaillée blanche. Sur le plat, un
prêtre debout devant un palmier et cueillant une
datte.

184 Poisson en hématite. — Canard en cornaline. —
Lion couché, en cornaline.

185 Intaille assyrienne : Prêtre debout devant la lance
sacrée ; derrière, la croix ansée. — Chalcédoine.

186 Deux sceaux et quatre anneaux sassanides en sardonyx, en chalcédoine, en jaspe blanc, etc.

187 Intailles sassanides sur grenat, cornaline, lapis
lazuli, etc. 42 pièces.

188 Sceaux, anneaux et intailles de l'époque postérieure
aux rois sassanides. 17 pièces.

189 Deux cornalines portant des légendes arabes.

190 Six monnaies d'argent (rois parthes et rois sassanides).

191 Masque imberbe diadémé. Terre cuite de Palmyre.

192 Buste de la Tyché de Palmyre, entouré d'une
couronne. Petit médaillon en terre cuite.

193 Disque votif en marbre, orné d'un bas-relief : un
enfant nu et une jeune fille qui s'enlacent l'un
l'autre, sont placés de face. L'enfant tient une
couronne, la jeune fille lève son bras gauche et
saisit une natte de ses cheveux. ℞ Cercles concentriques en relief. — D 55 mill.

194 Fragments de figurines antiques en terre cuite,
quelques pierres sculptées de fabrication moderne
et deux objets en bronze.

195 Charte romaine sur parchemin, datée du mois de
    janvier 972. — Arardus, comte de la Sabine, et
    Iohannes, patrice de Rome, donnent au pape
    Benoît VI la somme de 20 livres d'or et lui resti-
    tuent tout le territoire qu'ils ont envahi après la
    mort de Jean XIII : *omnia que occupavimus ex
    tuo comitatu Sabinensi, una cum curte et civi-
    tate Gabinatum et etiam ecclesiam Sancti
    Iohannis et gualdos suos* (les forêts) *in rivo
    Calentini.*

Strasbourg, typ. de G. Fischbach. — 2350.